Christian Milz

Das Mordmotiv in Georg Büchners *Woyzeck*

Das Mordmotiv in Georg Büchners *Woyzeck*

Wo die Büchner-Forschung versagt

Christian Milz

Das Mordmotiv in Georg Büchners
Woyzeck

Im Zentrum von Georg Büchners literarischem
Werk steht ein Dramenfragment, das wie Shakespeares Hamlet und der König Ödipus des So-
phokles zur Weltliteratur gezählt wird und dessen Verständnis in gewisser Weise den Schlüssel
zu Büchners anderen Texten darstellt. Vor diesem Hintergrund lesen wir den Woyzeck land-
auf, landab aus der Perspektive von Büchners
revolutionärem Pamphlet, des Hessischen
Landboten, des Revolutionsdramas Dantons
Tod und des Novellenfragments über den kran-
ken Dichter Lenz. Wir wollen über ein stimmi-
ges Bild des jungen Dichters und Heißsporns
verfügen, der den Umsturz im Großherzogtum
Hessen-Darmstadt herbei schreiben wollte und
den wir mit Leben und Werk auf das Podest des
literarisch kreativen, politisch aktiven und wis-
senschaftlich denkenden jungen Genies stellen.
Dichter, Revolutionär und Wissenschaftler in
Personalunion, Demokrat, Humanist, Aktivist
und Intellektueller, davon haben wir nicht viele

4

in Deutschland, und wir können ihn auch gut gebrauchen, wir, die wir uns in der ersten Hälfte des letzten Jahrhunderts so desaströs danebenbenommen und für alle Zeiten ein fatal düsteres Bild abgegeben haben. Aber wir waren nicht immer so, und wir haben uns gebessert: Am Beginn der literarischen Moderne sind wir unbefleckt und integer, da weist uns ein dichterisches Licht zu Demokratie, sozialer Gerechtigkeit und literarischem Realismus. „Friede den Hütten! Krieg den Palästen!", die Parole soll über Büchners Leben und Werk thronen und also auch über seiner bedeutendsten Schöpfung, dem Woyzeck-Fragment.

Ich werde an diesem Denkmal etwas kratzen. Nicht aber, weil ich es uns nicht gönnte oder auf mich aufmerksam machen will. Vielmehr deswegen, weil Büchner einen Fall Woyzeck auf die Bühne stellt, der immer noch seiner Aufklärung harrt. Wir haben da einen Mord, aber wir haben kein Motiv, jedenfalls keines, das wir uns nicht erst zusammenbasteln müssten. Die Schablone des Sozialdramas, die wir auf dieses Werk legen, passt nicht, davon werde ich Sie überzeugen. Die Verbissenheit, mit der der Kulturbetrieb im Fall Woyzeck nach dieser unbrauchbaren Schablone greift, ist schon bemerkenswert. *Wir* werden es hier mit einer anderen probieren: der einer detektivischen Enthüllung. Sie wird uns das Motiv für diesen Mord auf der Bühne liefern. Möglicherweise werden Sie das, was dabei herauskommt, entsetzlich finden. Wir sind es gewohnt, Büchner durch die Brille des *Sozialdramas* weichzuspülen. Auf der anderen Seite: Was kann uns heute noch schockieren? Gerade beim Theater?

Nun könnte man mir entgegenhalten, dass sich durchaus kompetente und gewaltige Bildungsagenturen, angefangen von der Literaturwissenschaft und der Bühne bis hin zum Literaturunterricht an den Oberstufen der allgemeinbildenden Schulen, sich wohl kaum grundsätzlich in Bezug auf einen sozusagen kanonisierten Autor irren dürften. Und schließlich sind da noch die zahlreichen Büchner-Preisträger, ausgezeichnete Kollegen vom Fach. Sie alle sollen Büchners Woyzeck missverstanden haben? Wie kann das angehen? Auf diese Frage wird zurückzukommen sein, wenn der Fall Woyzeck gelöst ist, dann wird die Büchner-Rezeption selbst zu einem interessanten Fall.

Tatsächlich aber thematisiert bereits die Literaturwissenschaft von sich aus grundlegende Zweifel an dem bisherigen Umgang mit dem Fall

Woyzeck, allerdings auf eine etwas merkwürdige, wenngleich keineswegs ganz und gar unübliche Art und Weise: „Schluss mit dem Mordkomplex!", forderte der Literaturwissenschaftler Andreas Beck in der der renommierten Zeitschrift für deutsche Philologie (04/2012). Wo kein Mord ist, da gibt es auch keine Probleme mit einem Motiv. Einen Mord, der nicht begangen wird, braucht man auch nicht aufzuklären. Im wirklichen Leben nennt man das Vertuschung, da werden gegebenenfalls die Daten gelöscht und die Akten geschreddert. Allerdings weiß man in solchen Fällen meistens, was man löscht. In dem erwähnten literaturwissenschaftlichen Artikel ist das nicht so. Beck tappt im Dunkeln und will daher den Mordkomplex eliminieren. Wenn man so will, lohnt sich daher auch aus dieser Perspektive die Aufklärung beziehungsweise Entschlüsselung des Mordmotivs. Dieser Fall gehört ja zu derjenigen Sorte, bei dem es nicht um die Suche nach dem Täter, sondern nach dem Grund für die Tat geht. Die Tat selbst spielt sich vor den Augen des Publikums, sozusagen auf dem Präsentierteller, ab. Jedem Amateurdetektiv müsste infolgedessen auf Anhieb der Verdacht kommen, dass das Motiv in der

Beziehung zwischen Täter und Opfer zu suchen sein wird. Nicht so der Büchner-Forschung.

Manchen von Ihnen ist das Drama noch aus der Schule bekannt; da es auf den Bühnen durchgehend präsent ist, liest man in der Zeitung immer mal wieder etwas über eine Aufführung. Woyzeck, ein einfacher Soldat und Proband eines Ernährungsexperiments, rackert sich für seine Lebensgefährtin und seinen kleinen Sohn ab, doch anstatt Anerkennung erfährt er nichts als Demütigung. Die Frau betrügt ihn mit dem Tambourmajor, sein Vorgesetzter malträtiert ihn psychisch, der wissenschaftsgeile Doktor ruiniert ihn körperlich. Erbsen sind das einzige, das der Soldat essen darf, dafür bekommt er ein paar Groschen täglich und muss seinen Urin abgeben. Franz Woyzeck halluziniert und hört schließlich eine Stimme aus dem Boden, die ihm aufträgt, die Zickwolfin totzustechen. So kommt es dann auch. Woyzeck kauft sich ein Messer, holt die Frau zuhause ab und geht mit ihr vor die Stadt. Sie setzen sich irgendwo hin, schweigen sich eine Zeitlang an, ein paar zähe Sätze, dann sticht der Soldat mehrmals zu. Schuld am Tod des weiblichen Opfers, so die einhellige Meinung, ist das *System*. Die eigentlichen Täter seien infolgedessen der Hauptmann und der Doktor als Repräsentanten kapitalistischer Ausbeutung. Im Hinblick auf die historische Vorlage, der wirkliche Woyzeck wurde in zwei Verfahren als zurechnungsfähig begutachtet und 1824 enthauptet, sieht man Büchners Drama auch als eine Revision des damaligen Gerichtsverfahrens. Als poetisch abgehandelte Verurteilung einer unmenschlichen Justiz oder gar eines Justizmordes. Der besagte Anwalt in Sachen „Schluss mit dem Mordkomplex", Andreas Beck, sieht da etwas klarer. Wenn Büchner den historischen Woyzeck hätte rehabilitieren wollen, dann hätte er ihn wohl kaum in die Nähe eines Lustmörders gerückt, sondern die Tat heruntergespielt. Dass der Autor genau das Gegenteil unternimmt, dass er den Mörder Woyzeck in den Vordergrund stellt, macht die Argumentation zugunsten Woyzecks so aufwendig und umständlich. Um Woyzecks Schuld zu relativieren, sind komplexe Argumentationsstrategien unumgänglich, die immer wieder die Frage aufkommen lassen, warum uns der Autor das einbrockt. Die Schülerinnen und Schüler wissen ein Lied davon zu singen. Twingolady schreibt im Blog der Handballecke: „Ich muss jetzt zur Zeit notgedrungen den Woyzeck in der Schule lesen. Bis jetzt ein sehr verwirrendes Buch, aber wahrscheinlich wird's noch. Tipp für Leute, die ungern viel lesen – das Buch hat nur ca. 31 Seiten." Mini antwortet: „Das mag ja sein, aber die 31 Seiten ziehen sich extrem. Habe selten ein so anstrengendes und langweiliges Buch in der Schule gelesen. Also mein Fall war das nicht." Bjoern muss sich in den Charakter Woyzecks versetzen und schreibt in der Hauptklausur eine 2-. Er freut sich, dass es geklappt hat, obwohl auch er den wirklich tieferen Sinn nicht verstanden und das Buch für ihn weder Anfang noch Ende habe und so etwas ja doof sei. Diese Schüler haben mehr begriffen, als ihnen an unseren Schulen zugetraut wird. Wir treiben Ihnen ihre Unbefangenheit didaktisch aus und zwingen ihnen unsere Dogmen auf. Ich will zugestehen, dass das nicht unbedingt aus bösem Willen geschieht. Wir wissen es einfach nicht besser. Andererseits wimmelt es in unserer Kulturlandschaft nur so vor kriminalistischer Intelligenz, und literarische Detektivfiguren sind ausgesprochen en vogue. Ein Sherlock Holmes, eine Miss Marple, ein Hercule Poirot, ein Jules Maigret, ein Sam Spade oder ein Miles Archer würden wohl kaum „Schluss mit dem Mordkomplex" machen wollen. Sie würden das Motiv zu der Tat im Mordfall Zickwolf herausfinden.

Gesagt, getan. Spielen wir Detektiv.

Meine sehr verehrten Damen und Herren, ich werde Ihnen im Folgenden den Fall *Woyzeck* aufklären.

Meine erste Handlung besteht darin, zwei der üblicherweise Beschuldigten von der Liste der Verdächtigen zu streichen. Zumindest mittelbar wird die Schuld an der vermeintlichen psychischen Dekompensation des Franz Woyzeck allenthalben dem Hauptmann und dem Doktor in die Schuhe geschoben und Arbeitshetze sowie der ernährungsmedizinische Menschenversuch in diesem Zusammenhang benannt. Die beiden sind wahrlich alles andere als sympathisch, es sind Zyniker und Prachtexemplare perverser wie hohler Autoritäten, gleichsam satyrhafte Spezies eines grotesken Romantisme, aber mit dem Mord an Marie haben sie nichts zu tun, nicht einmal mittelbar. Schon deswegen sind sie nicht daran beteiligt, auch nicht als Repräsentanten des Systems indirekt involviert, weil es diesen Mord gar nicht gibt. Marie wird nicht ermordet.

Tatsache ist, es gibt keinen Mord an Marie. Darauf fußt das irrige Plädoyer des erwähnten Literaturwissenschaftlers auf „Schluss mit dem Mordkomplex". Zwar hört Woyzeck eine Stimme aus dem Boden, die verlangt, die Zickwolfin totzustechen, doch diese Tat findet nicht statt. Es bleibt bei der Vorbereitung. Gleichwohl – ganz so, wie Andreas Beck das Drama betrachtet, geht es auch nicht. Schließlich gibt es da eine Leiche und einen Mordfall, quasi den Prototyp zu dem Fall Woyzeck – Zickwolf. Indes heißt das weibliche Opfer nicht Marie Zickwolf, sondern *Margreth. Margreth Woyzeck.*

Dazu muss man wissen, meine sehr verehrten Damen und Herren, dass es vier Handschriftenentwürfe des Dramenfragments gibt. Die Mordballade ist Gegenstand der ersten Handschrift. Hier heißt die weibliche Figur Margreth Woyzeck. Demzufolge hört der Täter eine Stimme aus dem Boden, die von ihm verlangt, die *Woyzecke* totzustechen. Und zu diesem Mord kommt es tatsächlich. Allerdings sind die üblichen Hauptverdächtigen nicht beteiligt, weder der Hauptmann noch der Doktor. Die beiden spielen nämlich auf der ersten Entwurfsstufe noch gar keine Rolle. Was die Nebenfiguren in den späteren Handschriftenentwürfen mit Woyzeck anstellen, mag verwerflich sein. Mit der Dramaturgie einer blutigen Gewalttat stehen sie nicht einmal unterschwellig in Verbindung. Es kann daher auch nicht „das System" dafür verantwortlich gemacht werden, dass der einfache Soldat zum Mörder wird. So einfach kann er sich nicht aus der Affäre ziehen. „Ich wollt, es wär schon übermorgen Abend", sagt der Täter zwei Tage vor der Tat. Er kann es kaum abwarten, er sehnt den Mord geradezu herbei. Fraglos klingt das merkwürdig genug, denn was hält ihn davon ab, die Tat sofort auszuführen? Aber warum überhaupt? Da die ansonsten allenthalben in Anschlag gebrachten Ursachen, die Überarbeitung und das Ernährungsexperiment, wegfallen, bleibt nur das Eifersuchtsmotiv. Darauf ist man freilich auch schon früher gekommen, nur ist das Motiv so trivial, dass die Büchner-Rezeption stets händeringend nach einem tieferen Sinn für Woyzecks vermeintlichen Ausraster gesucht hat. Dabei hilft das Fokussieren auf den im Hintergrund beteiligten Wahnsinn nicht wirklich. Das Problem wird dadurch nur verlagert. Man benötigt einen äußeren Verursacher für den Wahnsinn oder aber, wenn man Woyzeck von Beginn an für verrückt erklärt, was neue Schwierigkeiten mit sich bringt, jemanden, der die Krankheit dramaturgisch entscheidend verschärft. Damit landet man unversehens wieder bei dem Hauptmann und dem Doktor, bei Arbeitshetze und Mangelernährung. Nur spielt der Wahnsinn zwar in die Mordhandlung mit hinein, die beiden Nebenfiguren indes dort nicht, wo der Mord auf der Bühne abgehandelt wird, im ersten Handschriftenentwurf. Auf Seiten der Büchner-Forschung behilft man sich deswegen mit einem Trick. Man erklärte den Woyzeck als ein *work in progress*. Was als Eifersuchtsballade beginnt, wird später zum Sozialdrama. Dieses Erklärungsmuster unterstellt eine Konzeptionsänderung. Konsequenterweise müsste dann aber auch die Dramaturgie entsprechend modifiziert werden. Es bleibt dann nämlich das Problem, wie die Mordballade der Eifersuchtsgeschichte an das unvollendete Sozialdrama passt. Sie passt nicht, daher rühren alle Interpretationsprobleme wie auch das Plädoyer auf „Schluss mit dem Mordkomplex". Die üblichen Präsentationen des Woyzeck, die sogenannten Lese- und Bühnenfassungen, unterstellen dagegen implizit, dass das work in progress *keine* Konzeptionsänderung beinhaltet. Dann aber stellt sich die Frage nach einem Mordmotiv jenseits eines Eifersuchtsaffekts.

Insofern wird die detektivische Untersuchung die beiden Hauptfiguren und ihre Beziehung genauer zu betrachten haben. Man hat das, wie gesagt, bislang geflissentlich vermieden. Obwohl ein männlicher Täter sein weibliches Opfer auf der Bühne demonstrativ abschlachtet, sträubt man sich dagegen, die entsprechende Beziehung zu hinterfragen.

Am Anfang einer jeden Untersuchung wie auch eines jeden Gerichtsprozesses steht die Feststellung der Personalien, meine sehr verehrten Damen und Herren. Man will schließlich wissen, wen man vor sich hat. Daher fragt unser fiktiver Detektiv als Erstes nach dem Namen des Täters und nach dem der Leiche. Ihr Name fiel bereits: Margreth Woyzeck. Vielleicht klingt das zunächst verwirrend, weil wir es gewohnt sind, von dem weiblichen Opfer als Marie Zickwolf zu reden. Aber die Ermordete führt ursprünglich, wie gesagt, tatsächlich den Nachnamen „Woyzeck". Das ist eine Überraschung und stellt zweifellos bereits so etwas wie eine Spur dar. Umso mehr, als dieser Familienname nicht so ohne Weiteres preisgegeben wird. Es ist ja nicht so, dass in Büchners Handschriftenentwurf vor einem Dialog dieser Figur die Benennung „Margreth Woyzeck" zu lesen ist. Da steht immer nur

„Margreth". Gleichsam so, als ob uns der Familienname verborgen bleiben soll. Tatsächlich kennen wir ihn aber, und der Umstand, woher wir ihn kennen, macht aus dem Ansatz einer Spur eine heiße Spur. Der Familienname des weiblichen Opfers fällt im Zusammenhang mit dem Mordauftrag. Es ist die furchtbare Stimme aus dem Boden, die ihn ausspricht. „Stich die Woyzecke tot", verlangt die Stimme, und der ausersehene Täter registriert das nicht etwa dumpf und stupide, sondern er fragt nach, was da spricht und was da gesagt wird. Er bückt sich nieder, weil die Stimme so leise ist. Nicht dass er sich noch verhört – aber er hat richtig gehört, und er hört es immer wieder. Ist nicht nur dieser aufgetragene Mord das Furchtbare sondern ist es auch und in erster Linie dieser Name? Um das beurteilen zu können, müssten wir den Namen des Täters kennen. Er heißt Louis. Erst später, genauer gesagt ab dem zweiten Handschriftenentwurf, wird er zu Franz Woyzeck. Der tatsächliche Mörder an Margreth Woyzeck heißt Louis. Freilich würden wir nun gern seinen Familiennamen wissen, meine Damen und Herren, aber jetzt kommt die nächste Überraschung: Der vollständige Name des Täters ist nicht zu erfahren. Mehr als „Louis" ist sozusagen nicht aus ihm herauszubekommen. Wir haben einen Mordauftrag, der einen Namen offenbart, und einen Täter, der einen Namen, nämlich den seinigen, verschweigt. Im Hinblick darauf, dass dieser erste Handschriftenentwurf auch ansonsten keine Informationen über Täter und Opfer mitteilt, kein Alter, keine Festlegung der Beziehung usw., es gibt nicht einmal eine Eifersuchtsszene – übrigens auch noch nicht das gemeinsame Kind –, scheint es allein die Tat selbst zu sein, die alles Notwendige über sich kommuniziert. Sie muss, so merkwürdig das klingen mag, ihren Sinn in sich selbst tragen. Damit eignet ihr gleichsam eine ethische Qualität, und tatsächlich verleiht die zeremonielle Inszenierung der Mordhandlung den kultischen Status einer rituellen Opferung oder Hinrichtung. Vielleicht ist auch deswegen das vermeintliche Sozialdrama scheinbar so unempfindlich gegen alle Missverständnisse, meine sehr verehrten Damen und Herren, weil man sozusagen nur den einen Kult gegen den anderen austauscht. Der gängige Mythos erklärt die weibliche Figur und den männlichen Täter zum Opfer von Macht und Mammon, den Woyzeck zum antikapitalistischen Kultstück. Büchner hat indes etwas anderes im Sinn, nämlich *zwei* Figuren mit *einem* Schicksal.

Im zweiten Handschriftenentwurf benennt Büchner seine Figuren um. Die männliche in Franz Woyzeck: Aha, werden Sie nun denken, jetzt muss der Autor Farbe bekennen, und wir erfahren beide Familiennamen. Fehlanzeige. Aus Margreth Woyzeck wird Louise. Ihr vorheriger Nachname Woyzeck ist gestrichen. Sie heißt *nur* Louise. Wieder gibt es nur *einen* Familiennamen, kein Zusammentreffen zweier gleicher oder auch verschiedener Namen. Wenn die Theorie stimmt, dass die schicksalhafte Stimme aus dem Boden und die Offenbarung des Familiennamens des weiblichen Opfers verschränkt sind, dann müsste sich Büchner nun ein Problem eingehandelt haben. Welchen Namen soll der Boden rufen, wie die durch den Wegfall der *Woyzecke* entstandene Lücke geschlossen werden?

Gar nicht. Die Stimme ruft nicht. Das Zusammenspiel aus Offenbarung und Verheimlichung funktioniert nicht mehr.

Büchner kompensiert dieses Problem durch eine Fülle dramaturgischer Einfälle, unter anderem neuer Expositionsszenen. Und er beginnt damit, das Eifersuchtsmotiv auszugestalten. Nachträglich, nachdem sich der Autor dramaturgisch ausgetobt hat, widmet er dem Eifersuchtsmotiv, analog zu den hinzukommenden Nebenmotiven mit dem Hauptmann und dem Doktor, einige Szenen. Mit Verlaub, meine sehr verehrten Damen und Herren, das sieht etwas nach einer Alibiveranstaltung aus. Wir werden deswegen nunmehr eine dieser Eifersuchtsszenen exemplarisch ins Kreuzverhör nehmen. Woyzeck geht auf Louise los, sie wehrt ihn ab. Woyzecks Annäherung ist aggressiver Natur, Louises verbaler Konter ordnet ihn anders ein. „Rühr mich an Franz!", schleudert sie ihm entgegen, „ich hätt lieber ein Messer im Leib als deine Hand auf meiner!" Louise scheint Woyzecks Handlung misszuverstehen, denn seine Attacke ist ja mitnichten auf Händchen-Halten aus. Offenbar gehorcht ihre Wahrnehmung einer bestimmten Routine. Er geht auf sie los, sie denkt, er will ihr an die Wäsche. Louises Vergleich unterstellt keine zärtliche oder zudringliche Berührung mit der Hand, sondern, dass sie etwas in ihren Leib bekommen könnte, dem sie das Messer vorzieht. Ihre Zurückweisung gilt einem sexuellen Missbrauch, dem der Tod vorzuziehen ist. Bei alltäglichen Streitigkeiten eines Paares würde man einen solchen Wutausbruch vermutlich kaum wörtlich nehmen, sondern als Entgleisung in der Hitze des Gefechts passieren lassen. In diesem

Fall liegen die Dinge anders. Falls Louise nämlich mit Margreth – und später auch mit Marie –
zu identifizieren ist, dann wird aus dem im Affekt genannten Messer im Leib ja tatsächlich
später tödlicher Ernst, das Bild zum blutigen
Fakt. Deswegen ist davon auszugehen, meine
Damen und Herren, dass Louise diesen Satz
nicht nur einfach so hingesagt hat.

Warum sie ihn gesagt hat, erschließt sich allerdings nicht aus dem genannten Anlass. Die Prä-
ferenz des Messers im Leib statt einer Berührung stellt eine Zurückweisung dar, wie sie
schärfer nicht formuliert werden kann; darin
drückt sich eine Abneigung aus, die einen totalen
Bruch der Beziehung vollzieht. Da gibt es nichts
mehr zu kitten. Louise macht mit Woyzeck
Schluss, absolut und für immer. Die Frage ist
nur, warum. Immerhin hat Louise (ab dem zweiten Handschriftenentwurf) ein gemeinsames
Kind mit Woyzeck, zudem ernährt er sie. Um
Woyzecks Eifersuchtsattacke zu begegnen, ist
diese verletzende Schärfe keineswegs unabding-
bar, zumal Louise uns einen Satz später explizit
darauf hinweist, welche subtileren Mittel ihr zur
Verfügung stehen, Nähe und Distanz zu regulie-
ren.

Der springende Punkt ist, dass Louise diesen sexuellen Annäherungsversuch in Woyzecks Verhalten überhaupt erst hineinprojiziert und sie damit einem für sie typischen Wahrnehmungsmuster aufsitzt. Es geht in dieser Szene weniger um Woyzeck als vielmehr um sie selbst. Louises Unterstellung beinhaltet eine Mitteilung über ihre Vaterbeziehung, womit wir tatsächlich beim Thema Missbrauch wären, das sich ja durch das Bild des Messers im Leib bereits angekündigt hat. Louise eröffnet dem werten Publikum nämlich, dass ihr Vater sie nicht anzugreifen gewagt hätte, als sie 10 Jahre alt war, wenn sie ihn ansah. Im Prinzip könnte man nun darüber diskutieren, wie das „Angreifen" gemeint ist. In diesem Fall stellt Louises Projektion einer zärtlichen Attacke in Woyzecks Auf-sie-Losgehen klar, dass auch das Angreifen des Vaters nicht auf eine Misshandlung, sondern auf einen Missbrauch aus war. Schon das Kind hatte Erfahrung mit der zudringlichen Männlichkeit, und zwar im innersten Kreis der Familie. Kein Wunder also, dass Louise mit entsprechenden Unterstellungen schnell bei der Hand ist. Nun ist es aber durchaus nicht so, dass aus dem Flashback hervorgeht, dass die Zehnjährige in jedem Fall immer lieber ein Messer im Leib gehabt hätte, als die väterliche Hand auf ihrer eigenen. Dieser Nachsatz „wenn ich ihn ansah" postuliert zwar, dass ein Blick des Kindes dem Vater Einhalt gebieten konnte. Implizit spricht er aber eher für das Gegenteil, was uns freilich inmitten des Woyzeck-Dramas kaum verwundern lässt. Denn woher nimmt die Zehnjährige die Macht eines Blickes, der den Vater zu bannen vermag? Doch wohl weil sie darüber verfügt, was der Vater begehrt. Aus der uneingeschränkten Verweigerung dessen kann die Macht nicht stammen, Louise muss es ihm zumindest gelegentlich gewähren. Machen wir uns nichts vor, meine sehr verehrten Damen und Herren, in dem Moment, wo das sexuelle Begehren des Vaters in Bezug auf sein Kind manifest zum Ausdruck kommt, wird es sein Ziel auch erreichen. Louises „wenn ich ihn ansah" liest sich wie ein Dementi, das das alles eingesteht, ansonsten hätte sie sich das „wenn ich ihn ansah" nämlich schenken können. Ein schnörkelloses: „mein Vater hat mich nicht anzugreifen gewagt" wäre eindeutig, der tiefe Blick in die Augen des begehrenden Vaters ist abgründig. Woyzeck hat das begriffen. Diese Erfahrung, diese Routine bringt Louise nun in die Beziehung zu Woyzeck ein und zeugt mit ihm ein Kind. Sie selbst stellt diesen Zusammenhang her. Und zwar ausgerechnet zu dem Zeitpunkt, wo sie die prekäre Beziehung wegen eines neuen Liebhabers zerreißt. Der Preis für beides, für die Beziehung wie für deren Beendigung, ist das Messer im Leib.

Ich habe noch nie verstanden, warum kompetente Schriftgelehrte annehmen, dass die Figuren in diesem Drama aneinander vorbeireden oder sich nur in der Sprache von Befehl und Gehorsam unterhalten, also im Endeffekt nicht miteinander kommunizieren sollten. Woyzecks Replik „jeder Mensch ist ein Abgrund. Es schwindelt einem, wenn man hinabsieht" ist geradezu ein Musterbeispiel für eine perfekte Antwort. Nicht die kleinste Nuance ist ihm entgangen, ja er hat sogar weitergedacht und Louises prekäre Offenbarung anthropologisch verallgemeinert. Woyzeck bezieht sich selbst in dieses Abgründige ein, was unsere detektivische Analyse einen gehörigen Schritt vorwärts bringt. Indem Louise nämlich das Motiv des sexuellen Missbrauchs gegen Woyzeck in Stellung bringt, setzt sie ihn matt. Verbal wohlgemerkt und auch nur vorläufig. Ihr tödlicher Schachzug besteht in der Aufhebung jeglicher Differenz zwischen Opfer und Täter. Zweifellos ist das Louises Realität, schon der besagte Blick in die Augen des Vaters relativiert ihre Opferrolle. Für Woyzeck gilt die strukturelle Identität von Täter und Opfer zunächst nur in eingeschränktem Maße, aber es gibt da eine Szene, in der er seinem kleinen Hund im Beisein von Kindern auf einen Großen hilft, eine Büchner'sche Chiffre für Pädophilie, die übrigens auch im Revolutionsdrama Verwendung findet, so zentral war sie für Büchner. Weil Büchner im Woyzeck „Hut" statt „Hund" schreibt, also Woyzeck seinem kleinen Hund auf einen großen Hut hilft, bestreiten die Georg Büchner Gesellschaft in Marburg und weitere Literaturwissenschaftler den pädosexuellen Bezug dieses Motivs, vergessen dabei aber zu realisieren, dass Büchner in Dantons Tod die Hunderassen benennt: Es sind ein Bologneser Schoßhündlein und eine Dogge. Mit Wissenschaft hat eine dermaßen dreiste Verdrängung unerwünschter Inhalte nichts mehr zu tun, es handelt sich hier schlicht und ergreifend um Dogmatismus. Ein Literaturwissenschaftler hat das sehr schön auf den Begriff gebracht. Im Hinblick auf den wahren Wortlaut, an dem es keine Zweifel gibt, tatsächlich schreibt Büchner inmitten von zahllosen anderen Schreibfehlern „Hut" statt „Hund", spricht der Verteidiger der pädophiliefreien Lesart von den „Hütern der Handschrift".

Aber wie dem auch sei, bei Woyzeck überwiegt, wenigstens zunächst, der Status des Opfers. Louise aber zieht ihm sozusagen ihren Schuh an, setzt Woyzeck in Beziehung zu ihrem Vater und konfrontiert denjenigen, dessen Schultern nur den ihnen zuträglichen, das heißt eingeschränkten Anteil an der Wahrheit zu tragen vermögen, mit der ganzen vernichtenden Gebärde eines absoluten Gesetzes, des Inzesttabus. Damit aber beschwört Louise genau dieses Schicksal auf sie beide herab. Sie mobilisiert den Täter in Woyzeck. Das Muster hat sie ihm vorgegeben. Der Stich mit dem Messer stellt die Fortsetzung der Rede mit anderen Mitteln dar. Woyzeck braucht nur das zu tun, was er immer tut, nämlich infantil gehorchen. Und doch liegt in diesem ihm vorgegebenen letzten Schachzug ein geradezu überwirkliches Moment von Befreiung und Sinn, das unsere Richter über den Hauptmann und den Doktor und die Apologeten des Sozialdramas zwangsläufig übersehen. Woyzeck wird zwar zum Täter, aber seine Tat beinhaltet eine Umkehr. Er verlängert die Kausalkette aus Ursache und Wirkung nicht in die Richtung des eigenen Kindes. Woyzeck ist zugleich Opfer und Täter, aber bei ihm ist insofern Schluss mit der fatalen Kausalität, als er vor dem nächsten

Schritt in Bezug auf die ihm nachfolgende Generation haltmacht. Woyzeck wird sein Kind nicht missbrauchen, sein Impuls wendet sich gegen die *Ursache*, allerdings hat die Mutter ihm das auch vorgegeben. Insofern bekundet Louises „ich hätt lieber ein Messer in den Leib" und der damit einhergehende affektauslösende Bruch der prekären Beziehung eine echte Bereitschaft zum Selbstopfer. Und genau das, weder mehr noch weniger, ist die Funktion ihres Seitensprungs, der die inzestuöse Beziehung und Bindung abrupt beendet und Woyzeck den Boden unter den Füßen wegzieht.

Was ich Ihnen hier vortrage, meine sehr verehrten Damen und Herren, ist keine Interpretation, ich untersuche einzig und allein die innere Logik der Dramaturgie des Falles Woyzeck, also die darin vorkommenden Beziehungen. Wie ich versucht habe zu verdeutlichen, geht es dabei nicht nur um die verdeckten Strukturen, sondern auch um die Erklärung dessen, was auf der Bühne zu sehen ist, also um das Verständnis der Mordballade. Offensichtlich heißt das weibliche Opfer zunächst „Woyzeck", während der Täter seinen Familiennamen verschweigt. In einer Korrektur der Benennungen wird aus dem Täter ein Woyzeck, während nun der Nachname des potenziellen weiblichen Opfers Louise unterschlagen wird. Louise wird nicht nur von ihrem Vater sexuell missbraucht, sondern sie gibt an, dabei auf irgendeine Weise mitzuwirken. Sie konfrontiert den eifersüchtigen Woyzeck mit dieser Tatsache, der daraufhin in einen Abgrund blickt.

All das sind aber durchaus noch nicht alle Daten und Zusammenhänge, denn Büchner hat einen weiteren Handschriftenentwurf verfasst, der als Hauptfassung bezeichnet wird und als Reinschrift des Woyzeck-Dramas gilt. Wie bereits erwähnt, bricht dieser als letzter entstandene Handschriftenentwurf vor einer möglichen Mordhandlung ab. Um uns Gewissheit über die Stichhaltigkeit des hier herausgearbeiteten Mordmotivs zu verschaffen, werden wir uns jetzt die beiden letzten Szenen dieser Hauptfassung ansehen, meine Damen und Herren. Wir wollen eine definitive Antwort auf die Frage, ob ein Muttermord ein Inzestverhältnis sühnt und ob Margreth Woyzeck, Louise und Marie Zickwolf identisch sind.

Wir stellen zunächst fest, dass es nunmehr zwei Familiennamen gibt, die über zwei Handschriftenentwürfe bestehende Lücke also geschlossen ist. Was sich *nicht* verändert, ist, dass der weibliche Familienname durch die Stimme aus dem Boden offenbar wird. Der Zusammenhang von namentlicher Identifizierung und Mordauftrag bleibt bestehen. Sie heißt „Zickwolf", Woyzeck soll die *Zickwolfin* totstechen. Büchner hat das Namensproblem gelöst. Die Frage ist nur, wie. Sind Woyzeck und Zickwolf wirklich verschiedene Namen, oder handelt es sich unterschwellig nicht doch um ein und denselben?

Interessanterweise weigert sich die Büchner-Forschung, darüber zu diskutieren. Es gibt nicht eine einzige Studie, die die Namensfrage thematisiert. Oberflächlich gesehen handelt es sich zweifellos um verschiedene Namen. Allerdings mit fünf gemeinsamen Buchstaben, zudem stellt Zickwolf die modifizierte Inversion von Woyzeck dar, und diese Modifikation geht in die animalischer Richtung, sie paart die Zicke mit dem Wolf, fügt sich nahtlos in das motivisch- metaphorische Netz des Woyzeck-Fragments. Sehr wahrscheinlich will Büchner daher Zweifel in Bezug auf die Differenz beider Namen säen.

Für dieses Argument gibt es übrigens schwergewichtige Unterstützung aus der zeitgenössischen Literatur. In Ludwig Tiecks romantischem Rittermärchen *Der blonde Eckbert* stellt sich am Ende einer tragischen Geschichte über väterliche Misshandlung der Tochter, eine böse Mutterhexe sowie Mord- und Totschlag heraus, dass es sich bei dem verheirateten Paar um Geschwister handelt. Er heißt Eck-bert, sie Ber-tha. Etwaige Ähnlichkeiten in Bezug auf Woyzeck und Zickwolf dürften wohl kaum rein zufällig sein. Handelt es sich bei den beiden also vielleicht um Bruder und Schwester? Das Versteckspiel bei den Familiennamen in den vorausgegangenen Entwürfen würde auch das zulassen, indes trifft diese Variante des Inzests wohl eher auf Büchners Parallelprojekt Leonce und Lena zu, in dem die Namen der Hauptfiguren Leonce Popo und Lena Pipi desgleichen eindeutige Unterscheidung explizit vermissen lassen. Merkwürdigerweise sagt aber Lenas Gouvernante über ihren Schützling, sie sei doch ein wahres Opferlamm. Und Lena ergänzt: „Jawohl. Und der Priester hebt schon das Messer." Dieser Szenenausschnitt spielt offenbar im falschen Film. In dem richtigen werden wir nun, meine sehr verehrten Damen und Herren, Woyzeck und Zickwolf in ihrer jeweils letzten Szene, beide folgen unmittelbar aufeinander, belauschen.

Woyzeck hat soeben ein Messer mit der Bemerkung, „das kann mehr als Brot schneiden", erstanden. Im ersten Handschriftenentwurf hatte Louis die Tatwaffe noch gefunden, in der Hauptfassung wird daraus eine Szene in einem Laden. Um die Tatwaffe wird *gehandelt*, nicht um die Ökonomie in das Blickfeld zu rücken, immerhin gibt der Täter nun Geld für das Messer aus, sondern um einen deutlichen Fokus auf den Gegenstand *Messer* zu richten. Bei einem Soldaten, der zu Beginn Stöcke im Gebüsch *geschnitten* hat, ist solch ein umständliches Beschaffen einer Tatwaffe eine dramaturgische Redundanz – und geschickt ist es auch nicht unbedingt, beim Besorgen der Mordwaffe demonstrativ Spuren zu hinterlassen. Das ist indes beabsichtigt und transzendiert sozusagen rationales Täterverhalten. Unsere Aufmerksamkeit soll wieder einmal auf das Messer gelenkt werden.

In der unmittelbar darauffolgenden Szene sehen wir Marie mit ihrem und Woyzecks Kind auf der Bühne, sie liest in der Bibel, mit von der Partie ist außerdem merkwürdigerweise der Narr. Marie ist verzweifelt. Thematisch steht der Ehebruch im Mittelpunkt, aber unsichtbar auch Woyzeck, das Messer wetzend, das er gerade gekauft hat und das wie ein Damoklesschwert über Marie schwebt. Selbstverständlich darf Woyzeck die Frau nicht wegen eines Seitensprungs hinrichten. Das ist unvorstellbar, erst recht, wenn man an den der Promiskuität gegenüber extrem aufgeschlossen Georg Büchner denkt. Wir haben es schließlich nicht mit einem die Scharia verherrlichenden Text aus einer untersten Schublade des Islamismus zu tun. Und selbst in der Bibel steht es ja, und Marie liest es laut vor: Der Ehebrecherin wird vergeben, wenn sie nicht weiter sündigt. Exakt aus diesem Grund bereitet selbst gestandenen Literaturwissenschaftlern das Mordmotiv solche Probleme, daher auch besagte Forderung nach Schluss mit dem Mordkomplex. Fakt ist aber, dass Woyzeck vor unseren Augen das Messer erstanden und Marie massive Probleme mit der Bitte um Vergebung hat. Büchner inszeniert hier einen Suspense, einen dramaturgischen Spannungsaufbau, der sich in diesen letzten drei Szenen der Hauptfassung nur noch für die Frage nach Maries Schuld und für den Grund des Mordauftrags an Woyzeck interessiert. Büchner treibt diese Spannung Szene für Szene auf die Spitze, bis hin zu dem Punkt, an dem Marie vor

Schuld nahezu kollabiert. Ihr droht das Todesurteil durch Erstechen. Und exakt auf dem Höhepunkt ihrer Verzweiflung erfährt das Publikum das Mordmotiv. Marie kennt es, und schließlich bricht es förmlich aus ihr heraus.

Es scheint unglaublich: Da ist die Auflösung des Falles Woyzeck aus dem Mund des weiblichen Opfers zu vernehmen, ein wörtliches Geständnis, und niemand achtet darauf. Seit über einem Jahrhundert. Stattdessen plädiert man auf „Schluss mit dem Mordkomplex" oder würde am liebsten den Hauptmann und den Doktor hinrichten.

Geständnisse sind üblicherweise kurz. Maries Geständnis besteht aus dem Satz: „Das Kind gibt mir einen Stich ins Herz." Dabei stößt sie ihr Kind von sich und ergänzt noch: „Das brüht sich in der Sonne". Das ist also der Grund für Maries Verzweiflung, es geht nicht um den Seitensprung und die Untreue, erst recht nicht um Woyzecks körperlichen und seelischen Zustand, sondern um das Kind. Wegen dieses gemeinsamen Kindes ist Maries verzweifeltes Flehen um Vergebung umsonst. Allerdings hat bislang noch nie jemand Marie diesen Satz ab- und wirklich ernst genommen, meine sehr verehrten Damen und Herren. Die Frau ist aber auch unberechenbar, erst gibt sie sich dem Tambourmajor hin, dann bricht sie darüber schier zusammen, und schließlich soll der kleine Bub das Problem sein. Und doch hat das alles seine Richtigkeit. Denn da wartet noch jemand, der Marie einen Stich ins Herz geben wird und zu diesem Zweck soeben ein Messer erstanden hat. Wir erinnern uns an Louises Satz: „Ich hätt lieber ein Messer im Leib als deine Hand auf meiner." Wenn Marie jetzt sagt: „Das Kind gibt mir einen Stich ins Herz", dann identifiziert sie Woyzeck als ihr Kind. Sie antizipiert ihr dramatisches Ende und damit auch die tabuisierte Beziehung. „Ein schöner Ödipus. Vater und Sohn zugleich" würde hier als narrative Zusammenfassung gut passen. Der Satz ist tatsächlich von Büchner. Er steht in *Dantons Tod*.

Nun ist es keineswegs so, meine Damen und Herren, dass es uns freistünde, Maries Enthüllung als Vorausdeutung zu lesen und wir ebenso gut diese Lesart ins Reich der Spekulation verweisen könnten. Der Kontext erzwingt die Antizipation. Deswegen ist der Narr in dieser Szene mit von der Partie. Denn anschließend an Maries Geständnis benutzt der Narr, der sich den kleinen Buben nimmt, das Wort „morgen". Und dann ergänzt er noch: „Blutwurst sagt komm Leberwurst". Bis heute weiß die Büchner-Forschung damit nichts anzufangen. Ihr Fehler liegt darin, die Antizipation nicht in Rechnung zu stellen. Es gibt nämlich eine separate kleine Szene, die nach dem Mord spielt und in der das kleine Kind und der Narr zusammen sind. Woyzeck tritt auf und will, dass sein Kind zu ihm kommt. Genau darauf spielt der Narr in seiner Märchensprache an. Der Mörder Woyzeck ist „Blutwurst", der Bub „Leberwurst". „Blutwurst sagt, ‚komm Leberwurst'" paraphrasiert exakt, was die Handlung zeigen wird. Deswegen gilt auch für Maries „das Kind gibt mir einen Stich ins Herz", dass sich diese Äußerung primär auf das über ihr schwebende Damoklesschwert bezieht und auf den, der am Ende damit zustechen wird: Woyzeck, ihr Kind. Damit steht fest, dass Margreth Woyzeck, Louise und Marie Zickwolf identisch sind, genauso wie Franz Woyzeck und Louis. Und weiter, dass es sich bei der Handlung in erster Linie um ein Beziehungsdrama handelt. Die beiden Hauptfiguren leben in einer prekären inzestuösen Verbindung, die zudem ab der zweiten Entwurfsstufe des Dramas durch ein Kind manifest wird. Der Opferpriester Woyzeck, das Wort fällt, wie gesagt, tatsächlich in Büchners

Parallelprojekt Leonce und Lena, sühnt die Übertretung des Inzesttabus durch die rituelle Hinrichtung seiner Mutter. Und dann bezeichnet sich die Marie Zickwolf im Anschluss an das Geständnis als „Sonne". Sie sagt, ihr Kind „brüht sich in der Sonne". Weder die Fachleute noch Büchners sonstiges Publikum haben begriffen, dass es sich bei diesem Bild nicht um ein Symbol, sondern um eine Chiffre, ein klar definiertes Zeichen, handelt. Das Symbol „Sonne" steht üblicherweise für Geist und Bewusstsein, meine sehr verehrten Damen und Herren, und macht so gesehen in dem genannten Satz keinen Sinn. Warum sollte sich Marie auf dem Höhepunkt ihrer Verzweiflung mit dem zentralen Symbol der Lichtmetaphysik belegen und als Konsequenz dessen das Kind weggeben. Bei Büchner steht die Sonne für Sodomie, womit zeitgenössisch jegliche Form von Sexualität bezeichnet wurde, die nicht der menschlichen Fortpflanzung dient. Das gilt nicht nur für den Woyzeck, wo die Hauptfigur will, dass Gott die Sonne ausbläst, weil alles sich in Unzucht übereinander wälzt. Desgleichen spricht Georg Danton, der französische Revolutionär Georges führt tatsächlich den Vornamen seines Autors Georg, vielleicht war für den dichtenden Hessen auch beides ein *Schorsch*, der Danton *Schorsch* also führt die Allgegenwärtigkeit der Unzucht auf die ausbrütende Sonne zurück. Daher steht bei Büchner die Sonne nicht als Symbol für das geistige Licht, sondern für die *Allegorie der Sexualität*. Jetzt wird auch klar, warum sich das Kind an dieser Muttersonne brüht und weggegeben werden muss. Es ist auch nicht so, dass der Büchner Schorsch sich diese allegorische Verwendung des Begriffs „Sonne" selbst ausgedacht hat. Vielmehr hat er sie übernommen, und wir wissen auch, von wem. Seinerzeit war und auch heute noch der Star unter den tragischen Figuren ist *Hamlet*. Shakespeares Hamlet wird von dem König, seinem Onkel, der den Bruder ermordet und Hamlets Mutter kurz darauf geheiratet hat, gefragt, ob stets noch Wolken über ihm hingen. Hamlet darauf: „Nicht doch mein Fürst, ich habe zu viel Sonne". Das zielt auf die Mutter, der Hamlet später vorwirft, ein ekliges Bett zu ihrem Mittelpunkt gemacht zu haben und sich in Fäulnis zu *brühen*. Der Königin dringen diese Worte ins Ohr wie *Dolche*. Bei Marie dringt der Dolch etwas weiter unten und faktisch ein. Der Narr, man sollte seine Figurenrede durchaus ernst nehmen, spricht Marie als „Königin" an und stellt sie insofern implizit in eine

Beziehung zu Hamlets Mutter. Marie tut das vorher bereits selbst, wenn sie sich als Sonne bezeichnet, in der sich das Kind brüht. Diese Zusammenhänge sind kein Produkt von Woyzecks Wahnsinn, sondern umgekehrt ist Woyzecks Wahnsinn, wie der seines Kollegen Hamlet, ein Produkt des familialen Scheiterns.

Es mag sein, meine sehr verehrten Damen und Herren, dass Sie die Schlussfolgerungen dieser Spurensuche verstörend finden. Wenn dem so wäre, dann wäre das immerhin Büchner zuzuschreiben und einem Text, der diese Wirkung schon immer ausübte, nur dass das Bewusstsein dem nicht ganz folgen konnte. Immerhin haben wir einen Mord aufzuklären, eine Tat, die nicht im Affekt eines momentanen Ausrasters erfolgt sondern vorsätzlich und mit unübersehbaren Zügen eines rituellen, kultisch fundierten Menschenopfers. Marie hat gestanden, dass es sich bei dem Täter um ihr Kind handelt. Was noch aussteht, ist das Geständnis des Täters.

In dieser letzten Szene der Hauptfassung des Fragments, die sich an Maries Szene anschließt, hat Woyzeck das Wort. Derjenige, dem die Stimme aus dem Boden aufgetragen hat, die Zickwolfin totzustechen, und der sich zwei Szenen zuvor so auffällig wie möglich ein Messer beschafft hat, macht nun sein Testament und schließt offenbar nicht nur mit dem Leben seines Opfers, sondern auch mit seinem eigenen Leben ab. So als ob es da ein unsichtbares Band gäbe. Woyzecks Gedanken beschäftigen sich mit seinen Habseligkeiten, das Kamisol geht an den Kameraden Andres und ein Kreuz sowie ein Ringlein an seine Schwester. Diese Schwester hat in gewisser Weise die gleiche Funktion wie das Kind auf dem Arm der Mutter in der Szene zuvor. Sie soll ein semantisches Feld erzeugen, das das, was nun folgt, kaschiert. Allerdings auch nur auf den ersten Blick. Woyzeck hat nämlich, *wie Marie*, eine Bibel in der Hand, und in dieser Bibel liegt schönes Gold. Wenn Büchner hier nicht völlig zusammenhangslos irgendwelche sinnlosen Daten einstreut, woher soll Woyzeck auf einmal Gold besitzen, dann kann sich dieses schöne Gold nur auf Maries Ohrringe, ein Geschenk des Tambourmajors, beziehen. Hat er sie etwa schon umgebracht? Ist es etwa ihre Bibel, in der er da gleich lesen wird? Es ist die Bibel *seiner Mutter*. Woyzeck liest uns vier Zeilen vor, die von ihrem Leiden handeln. Woyzecks Perspektive ist eine andere. Er kommentiert: „Meine Mutter fühlt nur noch, wenn ihr die Sonn auf die Händ scheint." In der existenziellen Zuspitzung seines Lebens erfährt er sich als Opfer seiner Mutter, einer Mutter mit *heißen Händen*, denn exakt darauf will das Bild der Sonne auf den Händen hinaus. Heiße Hände hat aber auch Marie, als sie mit dem Tambourmajor tanzt. Und als

Sonne bezichtigt sich Marie, als sie in der Bibel liest.

Vielleicht bildet sich Woyzeck in seinem Wahn das aber doch alles nur ein. Vielleicht bildet sich auch Marie nur ein, dass ihr das Kind einen Stich ins Herz gibt. Selbst unter dieser Voraussetzung müsste über eine solche Tiefenstruktur im Woyzeck-Fragment seitens der Büchner-Rezeption gesprochen werden. Tatsache ist, dass Büchner eine mehrdimensionale Dramenstruktur schafft, in der der Abstand von Marie Zickwolf und Mutter Woyzeck gegen den Grenzwert Null strebt und einem *mitdenkenden Publikum* die ödipale Konstellation preisgibt. Erst dann aber erschließen sich auch die ganze dichterische Souveränität und Virtuosität des Woyzeck-Dramas. Es ist schon ein genialer Einfall, dass die genannten Sätze vom Kind, das der Mutter einen Stich ins Herz gibt, und von der Mutter, die nur noch fühlt, wenn ihr die Sonne auf die Hände scheint, tatsächlich als Klartext das Mordmotiv bezeichnen. Was sich in diesen wenigen Worten abspielt, ist phänomenal. Marie erkennt ihre Schuld und die Ausweglosigkeit ihres Schicksals, ein geradezu klassisches Zusammenfallen von Wiedererkennen und Handlungsumschlag, Anagnorisis und Peripetie. Das gleiche gilt für Woyzeck.

Und letztendlich ergibt auch die offene Handlung nur dann einen Sinn, wenn die Rezeption die verdeckte Redeebene, die Allegorie und den plötzlichen Umschlag zum Klartext registriert. Das kleine Kind kann der Mutter nur einen (metaphorischen) Stich ins Herz geben und sich an der Sonne brühen, weil es noch dieses andere große Kind gibt, das zugleich sein Vater ist. Und Woyzeck kann in seiner Szene, in der er von der Mutter spricht, eigentlich an niemand anderen denken als an sein Opfer Marie.

Nicht „Schluss mit dem Mordkomplex", sondern *ran an den Mordkomplex* muss also die Devise lauten, meine sehr verehrten Damen und Herren. Die Büchner-Forschung sollte darüber nachdenken – *wenn* sie Büchners Dichtung irgendwann einmal zur Kenntnis genommen haben wird

Impressum: Texte: © Copyright by Christian Milz

Christian Milz, Karlsbader Str. 3, 60598 Frankfurt

christian-milz@gmx.net

Herstellung und Verlag:

BoD - Books on Demand, Norderstedt

ISBN 978-3-7460-4922-9